ENGLISH / SPANISH

Child Abuse
Phrase Book

ENGLISH / SPANISH

Child Abuse Phrase Book

Family-Social Worker Interview Manual/ Manual Bilingüe Para Familias

EDWARD STRESINO

University of New Mexico Press

Albuquerque

© 2002 by the University of New Mexico Press
All rights reserved.
Published by arrangement with the author
Originally published in 1993 © C'est Moi Meme (CMM)

Library of Congress Cataloging-in-Publication Data

Stresino, Edward, 1931–
    English/Spanish child abuse phrase book : family-social worker
interview manual/manual bilingüe para familias / Edward Stresino.
        p.   cm.
Rev. ed. of: English/Spanish child abuse phrase book. Van Nuys, CA : C'est
Moi Meme, c1993.
ISBN 0-8263-2841-5 (acid-free)
1. Child abuse—United States—Terminology.   2. Spanish language—Terms
and phrases.   I. Title: Child abuse phrase book.   II. Title.
    HV6626.52 .E54 2002
    362.76'01'4—dc21
                                                    2001005023

y
por
lo
to-
do
que es para mi
te ofrezco
al cariño
que
es
mi
e
s
p
o
s
a

CONTENTS

PREFACE

This book hinges directly on my experience in Emergency Response. The episodic progression corresponds very closely to what I underwent as a bilingual worker on late night and early A.M. referrals.

Since within the same general period of time I also worked in a daily community setting and non emergency office referrals, I am confident that this same material could be easily extended to those situations as well. Practically speaking, once the need for this kind of phrase book is verified, it may be possible to write another or others specifically aimed at a greater variety of conversational frameworks.

How much of the real referral is here? In basic terms, the social worker and/or concerned family member is accompanied from the very beginning of the referral situation, from the moment the door is knocked on or the bell is rung. For right then an interaction of words must begin to determine what has really occurred, or if anything has really occurred. The parent may be verily besieged and not know at two or three A.M. that the social worker must respond to the referral as though it were an ultimate emergency that has to be acted on at once.

At the same time the phrase book can only be a general indication of the things that may or have to be said. It can help, but it cannot be a substitute for a conversational knowledge of Spanish or English as the case may be. However, it will indicate the way to those who may be interested. Spanish speaking families will have the benefit of a preventive resource and the phrase book may enable them to be more articulate and to relate to the concern of the community as regards the well-being of children.

Specifically as to the language, nothing said in the phrase book represents translation, and certainly no expression or phrase is seen as simply a "flat" translation from one language to another. Rather, each situation is visualized equally in both languages:

Certainly our attitudes and actions occur in both cultural situations and each culture expresses itself with its own set of words, its own cluster of thoughts. The phrase book merely organizes the language of each culture and places it selectively side by side.

Moreover, there are two aspects of Spanish that work to its benefit, and, simultaneously, can work to the advantage of the social worker. I have found that, at least in moments of crisis, the universality of Spanish prevails. The community, no matter how presumed to be inaccessible or "closed" understands and communicates effectively with anyone who can use Spanish effectively—idioms and mannerisms go down the drain. The traditional formality of Spanish fosters a bond of sentiment that is linked by comprehension.

But the formality of Spanish also proves to be a plus in enabling the worker to be more explicitly direct, and curt if need be, and such are the phrases and expressions, etc., situation by situation, that can be accessed via this phrase book to be competently brief and succinct.

INTRODUCTION

Concerned parents and family:

Just imagine a situation like this, well in the hours past midnight:

"A referral . . . ? A what . . . ?"

. . . .

"At this hour of the night . . . ?"

. . . .

"You gotta be kidding . . ."

. . . .

"Yeah, yeah, yeah. Go get some sleep and come back in the morning. . . ."

But it doesn't work that way. Certainly it's good to know who's at your door at any hour and, before you open it, you're within your rights to request identification as well as police presence.

For all too obvious reasons most referral calls are anonymous—or as I used to say to myself, "It can be any lil' mouse." Within the entire panorama of human motivations every CSW (Children's Services Worker) realizes that referrals can be mischievous or prank calls.

In a neighborhood of thin walls in an apartment building, there can be grievance or grudge calls when neighbors cannot tolerate babies crying at night even briefly, or there are folks who cannot abide a family, period. Yet every so often there is that one call that, unfortunately, is right on target.

An ER (Emergency Response)-CSW must investigate each and every referral at once as soon as the call is received. It may be convenient to think, "Well, why not during the day?" But the CSW referral functions in an emergency time frame. When there is a house invasion or a fire, you want the police or the firemen to respond immediately. An ER-CSW responds to the same demand.

Given the responsibility of interviewing the family, equally parents and children, and taking a very close look at babies and very young minors, the CSW's task at that moment is to determine whether anything has in fact occurred. For this reason, the telltale evidence, if there is any, has to be specified and cited in explicit and what often seems to be graphic terms.

Of course, there are many complex situations. One parent may not know what the other is doing; close relatives can confuse the issue even more. But with physical abuse or negligence it is practically impossible for parents not to know that something is seriously wrong; the problem is admitting it. The tensions of modern life force us emotionally into situations where our nerves burst, and, even without realizing it, the shrapnel of our anger and/or disorientation strikes those we love dearest.

PRESENTACION EN ESPAÑOL

Estimados padres y muy comprensivas madres de familia:
"Toc-toc-toc" . . . "trabajador social" . . . "Es la policía" . . .
Si acaso le toca, aunque sean las dos de la mañana por favor de colaborar. Quizá sea una equivocación . . . quizá no. . . . Y además Ud. está en su derecho de confirmar que la policía esté presente.

Se comprende que el/la trabajador(a) social puede hacer todo de su parte, incluso detener a los niños si es el caso, pero a veces uno se siente más seguro con la participación de la policía.

Tantas son las cosas que pasan con los niños que cuando nos desarraigamos de nuestra tierra y nos venimos a pasarla aquí, no pensamos jamás en lo que puede suceder. Así como somos, así como nos afecta el medio ambiente, también se afectan los niños.

Podemos decir que a veces traemos nuestros defectos, y así hacia atrás a los defectos de nuestros padres y sus padres. Si nos trataron con mano pesada pensamos que así también se debe de tratar a los hijos. Pero no es así. Entre las cosas malas y buenas que se vienen a encontrar, las penas, las durezas, las dichas, acaso la soltura económica, encontramos que los niños tienen iguales derechos que sus mayores. El respeto no se arranca del niño maltratándolo. Si el orgullo nuestro es ofendido por una mala contestación, o por una afrenta del niño, no se remedia la situación con el castigo abusivo.

Por igual que venimos a encontrar nuevas oportunidades, nos damos cuenta de inmediato que las costumbres son distintas. Igual que nosotros venimos a afrontar nuevas experiencias inesperadas, ásperas, difíciles, los niños también tienen que adaptarse a un sistema de escuela que los desestima, a un sistema de compañeros que los embiste, a un sistema social que los margina. Cuanto más difícil luego cuando la misma familia los maltrata y los desampara.

El/La trabajador(a) social solamente realiza una labor a favor de los niños. Tiene que responsabilizarse para averiguar si los informes telefónicos son verdaderos o no. Cada situación se tiene que estudiar individualmente, pues los trabajadores están autorizados para llegar a los hogares en el momento que sea y de exigir una investigación de inmediato que incluye ver y conversar con los niños y los padres.

El propósito del libro actual es de traer de cerca a la comunidad de habla española el procedimiento entero que tiene que realizar el/la trabajador(a) social. Posiblemente al dar a conocer lo que sucede y lo que se dice se agudizará la conciencia familiar en relación a este problema. Por demás, la familia cuyo conocimiento de inglés es limitado todavía puede darse cuenta de la minuciosidad de la investigación y que lleva un propósito ampliamente beneficioso para los niños.

No faltará recalcar que los trabajadores sociales operan en un horario continuo y que son accesibles las veinticuatro horas del día y de la noche.

SECTION 1

Good morning.   Good afternoon.   Good evening.
Buenos días.   Buenas tardes.   Buenas noches.

I am a Social Worker
    of the Department of Children's Services.
Yo soy un(a) trabajador(a) social
    del Departamento de los Niños del Condado.

This is my identification.
    I'd like to come in and talk with you.
Mire. Aquí está mi identificación.
    Quisiera entrar y hablarle un momentito.

Thanks for your attention.
    I have to talk to you at once.
Le agradezco la atención.
    Necesito hablarle inmediatamente.

    May I come in and talk with you inside?
    Me da permiso de entrar y hablarle adentro?

    (De qué se trata?   What's it about?)

There's a neglect referral
    about your leaving your kids alone . . .
Hay un informe de negligencia
    de que Ud./Uds. deja(n) a los niños solos . . .

There's a referral
    that your baby cries a lot at night . . .
Hay un informe
    de que su niño llora demasiado de noche . . .

There's a serious
    abuse referral in regard to your child . . .
Hay un referido de abuso
    muy serio en relación a (su hija)
                            (su hijo) . . .

3

Do you live here?
Es Ud. el Sr. (la Sra.) de la casa?

Are these your children?
Es Ud. el padre (la madre)

de estos niños?
de los niños en la casa?

This is serious.
I cannot return some other time.

Es un asunto urgente.   No da espera.

I have to talk to you right now.
Tengo que hablarle inmediatamente.
Le tengo que hablar inmediatamente.

Excuse me, can you tell me who's responsible for these kids?
Perdone, Ud. me puede informar quien es responsable por estos niños?

Can you tell me where I can locate their parents?
Acaso
me puede informar donde se encuentran los padres?

I'm sorry about the time, but it's the law.
Perdone la hora pero así lo exige la ley.

I have to see you right away.
Le tengo que entrevistar inmediatamente.

If you want me to
     I'll return with the police.

Si Ud. lo desea
Si le parece
Si Ud. lo prefiere
     vuelvo con la policía.

Perhaps   you'll feel more   comfortable.
De ese modo
          Ud. puede
          Uds. pueden
                 sentirse más   tranquila(o).
                                 tranquilos.
We always work with the police.
De costumbre trabajamos con la policía.

At times it's easier to talk things over between ourselves.
A veces resulta más cómodo conversar directamente.

No problem, if you want me to, I'll return with the police.
No se preocupe, si lo prefiere, de vuelta llego con la policía.

Let's not mince words
                I'll return with the police.
No perdamos palabras
                orita vuelvo con la policía.

I came with the police
                because that's how it's done now.
Llegué con la policía
                porque ellos siempre nos acompañan.

I had to come with the police
                because of the seriousness of the referral.
Tuve que llegar con la policía
                por la seriedad del asunto.

4. DEALING WITH THE PROBLEM

It's about	(your child)	(your children).
Se trata de	su niño	
	su niña	
		sus niños.

I'd like to see	(him)	(her)	(them).
Quisiera	(verlo)	(verla)	(verlos).

I'm here because of a referral of child abuse.

Hay un informe de que	su hijo	está	maltratado.
	su hija	está	maltratada.
	sus hijos	están	maltratados.

There's a referral that	(he/she has)	(they have)	been physically abused.
Hay un informe de que se	(le)	(les)	pega mucho aquí en la casa.

There's a referral that you leave	(him)	(her)	(them)	alone.
Hay un informe de que Ud.	(lo)	(la)	(los)	
deja muy	(solo)	(sola)	(solos)	
a lot of the time/demasiado.				
for a long time/mucho tiempo.				
almost always/casi siempre.				

There's a referral that you take drugs and neglect
          (your child)   (your children).
Hay un informe (de) que Ud. toma drogas y no cuida a
          (su niño/a)   (sus niños).

There's a referral that you go out and leave the children alone.
Hay un informe de que Ud. sale y deja a los niños alone
                          solos.
                          tirados.

I understand that your child needs medical attention.
Dicen que (su niño) (su niña) necesita atención
médica y Ud. no hace nada por llevarlo/a.

There's a report that you and your children have
  nowhere to stay.
Hay un informe que Ud. (Uds.) y sus niños no tienen
  donde quedarse.

They say that you have no housing for your kids.
Dicen que Ud. (Uds.) no tienen alojamiento para los niños.

There's a report that your child is badly abused.
Hay un informe de que su (niño) (niña) (niños)
  está muy golpeado.
  golpeada.
  están muy golpeados.

I have to look at the child and see if there are any blows.
Necesito mirarle el cuerpo (al niño) (a la niña)
  a ver si hay moretones.

We probably will have to go to a hospital
  to have (him) (her) (them)
  checked out by a doctor.
A lo mejor tendremos que ir a un hospital
  para que (lo) (la) (los)
  mire un médico.

If there are no blows or marks you have nothing to worry about.
Si no hay moretones o golpes no tiene Ud. que preocuparse.

We get false referrals, but we have to investigate.
A veces hay informes falsos, sin embargo nos toca investigar.

. . . your daughter was very depressed . . .

Your daughter appeared very depressed in school
                    and she talked to the counsellor.
                    and the counsellor talked to her.
Su hija se vió (demasiado)
            (bastante)   deprimida en la escuela
                             y le habló a la consejera.
                             y le habló la consejera.

She told the counsellor that her
        (uncle, stepfather, father, brother,
        cousin, grandfather)
                            molests her.
(Ella) le contó a la consejera que su
        (tío, padrastro, padre, hermano,
        primo, abuelo)
                            la molesta.

She told the counsellor that her
        (uncle, stepfather, father, brother,
        cousin, grandfather)
                            shows her his privates
                            when he comes out of the bathroom.
Le dijo a la consejera que su
        (tío, padrastro, padre, hermano, primo, abuelo)
                            le muestra sus partes
                            al salir del baño.

She told the counsellor that her
        (uncle, stepfather, father, brother,
        cousin, grandfather)
                            touches her at night when she's asleep.
Le dijo a la consejera que su
        (tío, padrastro, padre, hermano,
        primo, abuelo)
                            la coge de noche cuando está dormida.

SECTION 2

5. INTERVIEWING PARENTS   (pp. 11–22)

Are you new in the community?
Ya tienen algún tiempo aquí en esta casa?

How many children do you have?
Cuántos niños   tiene Ud.?   (tienen Uds.)?

Only one?	or two?	or more?
Solamente uno?	dos?	o más?

Which ones are yours?
Cuáles son de Ud.   (Uds.)?

What about the rest of the children?
De quién son   los otros?

Why does   (he)   (she)   have so many black and blue marks?
Por qué está
              este niño lleno
              esta niña llena
                           de golpes?
                           de moretones?

How did	(he)	(she)	get hit?
Cómo	(lo)	(la)	pegaron?

What was	(he)	(she)	hit with, belt, extension cord, stick, or something else?
Con qué	(lo)	(la)	pegaron, con cincho, cuerda eléctrica, palo, o con algo más?

Why does   (he)   (she)   have so many bruises?
Por qué se le ven tantos moretones?

Why did you let things get out of hand?
Por qué se dejó llevar por la situación?

How often has	he)	(she)	been hit this way?
Cuántas veces	(lo)	(la)	han golpeado de este modo?

Do you usually hit   (him)   (her)   this way?
                                      or is this the first time?
(Lo)   (La)   acostumbran pegar de este modo?
                                      o es la primera vez?

You say that the kid gets fresh and you don't know how
                                      to control him . . .
                                      to control her . . .
Ud. dice que
        el niño se pone arisco
        la niña se pone arisca
                             y (Ud.) no sabe
                             controlarlo . . .
                             controlarla . . .

Don't you realize that you can go too far
                             and do permanent damage?
No se da cuenta
        (que) le puede llegar a hacer
                  un daño permanente?

You appear to have lost all control . . .
Según Ud. mismo cuenta ya ha perdido todo control . . .
                             in fact, the kid controls you.
                             más bien,   (el niño)   (la niña)   lo
                             controla a Ud.

You don't know what to do.
              You get desperate and hit   (him)   (her).
Ud. no sabe a que atenerse.
              Se desespera y   (lo)   (la)   pega.

You have to get into counselling.
Necesita meterse en aconsejamiento.

You have to talk to a counsellor.
Necesita hablarle a un consejero.

Do you often leave the baby alone?
Acaso Ud. ha dejado (la) (el) bebé sola/o?

They say that (she) (he) (it) cries all the time . . .
Dicen que llora todo el tiempo . . .

Don't you pay any attention to   (her)   (him)?
Ud. no   (la)   (lo)   atiende?

Do you leave   (her)   (him)   without being changed?
Ud.   (la)   (lo)   deja sin cambiar?

When was the last time you gave (her) (him) something to eat?
Cuándo fue la última vez que le dió de comer?

How long has it been since (she) (he) was changed?
Hace cuánto que no le han cambiado?

No one appears to be taking care of the baby . . .
Parece que nadie (la) (lo) estuviera atendiendo . . .

The baby's obviously underweight.	(La niña) (El niño) está demasiado desnutrida/o.
Something's wrong with the baby.	Algo le está pasando (a la) (al) nené.
The baby's ribs are sticking out.	Se le ven las costillas (a la) (al) nené.
The baby has a hard time breathing.	(La) (El) nené está respirando con dificultad.
It shouldn't be crying like that.	No debe llorar de ese modo.

I think we better take (her) (him)
to the hospital
Pienso que es mejor que (la) (lo)
llevemos al hospital

so the doctor can see (her) (him) . . .
para que (la) (lo) vea el médico . . .

13

. . . la condición de la casa . . .

The condition of the house (apartment)	is terrible.
	disgusting.
La condición de la casa (del apartamento)	es terrible.
	horrenda / o.
	asquerosa / o.

The (bathroom) (kitchen) (bedroom) (living room) (dining room)
(El baño) (La cocina) (La recámara) (La sala) (El comedor)
                is / are
                está / están
           in terrible   condition.
           in disgusting condition.
          en una condición terrible.
                          horrenda.
                          asquerosa.

You have a mess	everywhere.
Ud. tiene un reguero	por toda la casa (todo el apartamento).
	por todas partes.

It seems that the (bathroom) (kitchen) (bedroom)
        (living room) (dining room)
                is / are   never cleaned.
Parece que (el baño) (la cocina) (la recámara)
        (la sala) (el comedor)
                    nunca   se limpia.
                             se limpian.

It seems that you don't like to clean the house	(apartment).
Parece que a Ud. no le gusta limpiar	(la casa).
	(el apartamento).

The walls are filthy and full of stains.	Las paredes están sucias y llenas de manchas.
The kitchen counter is full of dirty dishes.	El mesón está lleno de loza sucia.
The dishes are piled in the kitchen sink.	Los platos están amontonados en el lavaplatos.
The cabinets are full of cockroach eggs.	Las gavetas están llenas de los desperdicios de cucarachas.
The refrigerator is. (dirty) (empty).	La refrigeradora está (sucia) (desocupada).
The bathroom is (dirty). (extremely dirty).	El baño está (sucio). (retesucio).
The bathtub is full of filthy water.	La tina está llena de agua podrida.
The toilet isn't flushed.	(La taza) (El inódoro) está sin descargar.
The windows are broken.	Las ventanas están (rotas) (quebradas).
Dirty dishes are piled all over the floor.	Los platos sucios están por todo el piso.
The house (apartment) is unlivable.	La casa (el apartamento) es invivible.
THERE'S HAY	a mess everywhere. un reguero de sucio por todas partes.
	garbage all over the floor. basura regada por todo el piso.
	animal dirt in the corners. excremento de animales en los rincones.
	a bad smell in the house. un mal olor en la casa.

. . . it seems that you don't care . . .

Please show me where the children sleep(?)
Me hace el favor
        de mostrarme donde duermen   los niños?

Please show me their beds(?)

Me hace el favor
                de mostrarme las camas?

              The sheets are filthy.
              Las sábanas están negras.

              They don't have any blankets.
              Están sin cobijas.

              The pillows don't have any pillowcases.
              Las almohadas están sin fundas.

Children should not sleep together in one bed.
Los niños no pueden dormir en una sola cama.

              They don't have space to breathe.
              No tienen campo para respirar.

It seems that you don't care for your children.
Parece que Ud. no se preocupa por sus niños.

              You don't get them ready for school.
              No los prepara para la escuela.

              They don't take showers and don't eat breakfast.
              No se bañan y no desayunan.

              They don't pay attention to their teachers.
              No le ponen atención a sus maestros.

We were informed that the children were alone.
Se nos informó (de) que los niños estaban solos.

Did you just come back?
Ud. acaba de volver?

Why did you leave the kids alone?
Cómo fue a dejar (a) los niños solos?

Don't you know the danger of leaving your children alone?
No se ha dado cuenta del peligro de dejar (a) los niños solos?

Children have no way to protect themselves.
Los niños son indefensos.

Anything can happen.
Puede suceder cualquier cosa.

There could be a fire, or an earthquake, or any other accident . . .
Qué tal que haya un incendio, un temblor, o cualquier otro accidente?

We have to find out how the child got hurt.
Tenemos que averiguar como

se hirió
se lastimó (el niño)
(la niña) . . .

And why didn't you take (him) (her) to the hospital?
¿Y por qué no   (lo)   (la)   llevó Ud. al hospital?

You didn't realize how serious it was?
No se dió cuenta de la gravedad del asunto?

. . . it was difficult to get to the hospital . . .

You can see how badly this kid got cut on shattered glass . . .
Ya Ud. ve como   (este niño)   (esta niña)
se cortó tan mal con el vidrio . . .

You were worried about

not having the money?
Se preocupó

de no tener los fondos?
que no tenía los fondos?

You were worried about

not having I.D.?
Se preocupó

de no tener papeles?
que no tenía papeles?

You were worried about

not having transportation?
Se preocupó

de no tener transporte?
que no tenía transporte?

It was difficult for you   to get to the hospital . . .
Le era difícil   llegar al hospital . . .

You had to wait for your husband . . .
Tenía que esperar a su esposo . . .

It was impossible for you   to get to the hospital . . .
Le era imposible   llegar al hospital . . .

You had to take two or three buses to get there . . .
Tenía que tomar dos o tres buses para poder llegar . . .

... *(he) (she) has to call* ...

I don't know
No sé

if the counsellor
si la consejera / el consejero

if the doctor
si el doctor / la doctora

if the nurse
si la enfermera / el enfermero

if the principal
si el director (la directora) de la escuela

if the teacher
si el maestro / la maestra

if the teacher's aide
si (el) (la) ayudante de maestro

if the police
si el oficial de la policía

told you
explained to you
informed you
le dijo
le contó
le explicó
le informó

but (he) (she) has to call the Child Abuse Hotline ...
pero por obligación tiene que llamar al teléfono
de los Niños Abusados ...

and we respond as soon as we can ...
y nosotros llegamos
tan pronto como sea posible ...
(a la hora que sea) ...

19

. . . it seems that your daughter has . . .

Your daughter went to the school nurse
Su hija se reportó a la enfermera (de la escuela)

and the nurse called the police
 and they took your daughter
    to the hospital.
y la enfermera llamó a la policía
 y ellos llevaron a su hija
 (y ellos la llevaron)
    al hospital.

It seems that your daughter has
Parece que su hija tiene

  a tear in the vagina.
  una rasgadura en la vagina.

  an unusually strong smell.
  un olor demasiado fuerte.

  an abnormal irritation or infection.
  una infección abnormal.

  a strong white (yellowish) discharge.
  un flujo blanco (amarillento) demasiado fuerte.

  a vagina too large for her age.
  una vagina demasiado grande para su edad.

  a thickening of the labial tissue.
  un engruesamiento del tejido de la vagina.

  blood due to broken tissues.
  sangre por tejidos maltratados.

Your daughter said in school that her
    (uncle, stepfather, brother, father, cousin, grandfather)
            touches her.
Su hija contó en la escuela que su
    (tío, padrastro, hermano, padre, primo, abuelo)
            le ha tocado.

Your daughter (told, says, said, explained) that her
    (uncle, stepfather, brother, father, cousin, grandfather)
Su hija (contó, dice, dijo, explicó) que su
    (tío, padrastro, hermano, padre, primo, abuelo)

        grabs her when no one is looking.
        la coge cuando nadie lo mira.

        corners her when she's alone.
        la arrincona cuando está sola.

        likes touching her breasts.
        le encanta tocarle los senos.

        makes her take her panties off.
        le obliga a quitarse los calzones.

        sticks his finger in her vagina.
        le mete el dedo en la vagina.

        throws himself on top of her.
        se le ha echado encima.

        shows his privates to her.
        se le presenta desnudo.

        makes her orally copulate him.
        la obliga a que lo coja en la boca.

        makes her have sex with him.
        la obliga a tener relaciones.

        licks her privates.
        le lame sus partes.

. . . she didn't know whom to turn to . . .

Your daughter	says	that
La niña	(cuenta, dice)	que

she doesn't trust you.
no le tiene confianza.

you don't listen to her.
Ud. no le escucha.

you don't defend her.
Ud. no la defiende.

you don't pay attention to her.
Ud. no le pone atención.

you didn't listen to her when she told you.
Ud. no le escuchó cuando le dijo.

you didn't do anything about it.
Ud. no hizo nada.

she didn't know whom to turn to.
no sabía a quien decirle.

you knew about it and did nothing.
Ud. ya sabía y no hizo nada.

you're afraid of your husband.
Ud. le tiene miedo a su esposo.

I have to talk to

your daughter
your son
your children

alone.

Necesito hablar con

su hija
su hijo
sus hijos

a solas.

SECTION 3

6. INTERVIEWING CHILDREN (pp. 25–46)

. . . Necesito que me digas tu nombre . . .

Hi, what's your name?
Hi, Cómo te llamas?   Cómo se llaman?
Hi, Cuál es tu nombre?   (Cuáles son sus nombres?)

My name is . . .
Mi nombre es . . .

What is your name?
Cómo es tu nombre?

Don't you want to
                    tell me your name?
No me quieres
                    decir tu nombre?
No me quieres decir
                    como te llamas?

Tell me   your name, please.
Dígame   tu nombre, por favor.

I have to   know your name . . .
Necesito que   me digas tu nombre . . .

I would like to   know your name . . .
Quiero que me   digas tu nombre . . .

Ah, so your name is   . . . (Rosaura, Juan,
Ah, así que te llamas . . . Xiomara, Herberto,
Te llamas   . . . Alicia, Enrique) . . . ?

And what's yours?
Y cómo es el tuyo?   Y tú cómo te llamas?

What happened?	Qué pasó?
Tell me what happened . . .	Dígame lo que pasó . . .
What happened to you?	Qué te pasó?
Tell me what happened to you . . .	Dígame lo que te pasó . . .

How did you end up with this black and blue mark?

Cómo se ganó este golpe?
Cómo te resultó este golpe?

Tell me how you got	this black and blue mark . . .
	these black and blue marks . . .
Cuéntame quién te dió	este golpe . . .
	estos golpes . . .
	este moretón . . .
	estos moretones . . .

How come you were smacked so hard?

How did it happen?

Por qué tienes este golpe tan feo?

Cómo fue?

What do you mean it's nothing . . . ?
Cómo que dices que no es nada . . . ?

And who smacked you here?	Who did it?
	How did it happen?
Y este golpazo?	Quién se lo hizo?
	Cómo sucedió?

And who gave you these black and blue marks?

Y quién te hizo estos moretones?

How were you hit?

Cómo te pegaron?

Can you tell me   what happened?

Me puedes contar   lo que pasó?

Don't be afraid, I'm going to help you.

No tengas miedo, te voy a ayudar.

You can talk to me freely, I'm not going to blurt it out to anyone.

Me puedes hablar en confianza, que no se lo voy a decir a nadie.

Don't worry about it.
Don't be afraid.
I'm here to help you.

No te preocupes.
No tengas miedo.
Estoy aquí para ayudarte.

Tell them (your parents) that you want to talk to me alone.

Adviértales (a tus padres) que tenemos que hablar a solas.

Don't worry about the police . . .

They work with us.
They're here to help us.

No te preocupes de la policía . . .

Ellos nos ayudan.
Están aquí para ayudarnos.

. . . Con qué te pegaron . . . ?

Who's responsible for hurting you this way?

                Quién te maltrató de este modo?

        Why are your eyes so sad?

                Por qué tienes la mirada tan triste?

These bruises (injuries) must hurt you . . .

                Te deben de doler estas heridas . . .

Tell me (Tell us)

                      exactly what happened.

Cuéntame (Cuéntanos)

            exactamente lo que

                      te hicieron.

                      te pasó.

        What were you hit with?

        Con qué te pegaron?

Were you hit with (an open hand, a fist, a fist with a metal ring on one
of the fingers, a foot, both feet)?

Te pegaron con (la mano, el puño, el puño con un anillo puesto,
el pie, los pies)?

Were you hit with (a belt, the belt buckle, a strap, an extension cord,
a stick)?

Te pegaron con (el cincho, la hebilla del cincho, una faja, la cuerda
eléctrica, un palo)?

Is it true that your (father, mother, stepfather, stepmother, uncle, aunt,
cousin, adult brother)

                          hit you?

Es verdad que tu (papá, mamá, padrastro, madrastra, tío, tía, primo,
hermano mayor)

                      te pegó?

How come your (father, mother, stepfather, stepmother, uncle, aunt,
    cousin, adult brother)

                    hit   you like this?
                    smacked
                    whipped

Qué pasó con tu (papá, mamá, padrastro, madrastra, tío, tía, primo,
    hermano mayor)

           para que te   pegara   de esa manera?
                            golpeara
                            latigara

Why were you hit?	Who hit you?
Por qué te golpeó?	Quién te golpeó?
How did you get these black	Who did it to you?
and blue marks?	
Cómo se consiguió estos moretones?	Quién te los hizo?
Why were you smacked?	Who smacked you?
Por qué te pegaron?	Quién te pegó?
Why did he hit you with his fist?	Who hit you with his fist?
Por qué te dió un puño?	Quién te dió un puño?
Why did (he) (she) push you?	Who pushed you?
Por qué te empujó?	Quién te empujó?
Why did (he) (she) jump on you?	Who jumped on you?
Por qué se le tiró encima?	Quién se le tiró encima?
Why did (he) (she) beat you up?	Who beat you up?
Por qué te muendeó?	Quién te muendeó?
Why were you punished like this?	Who punished you like this?
Por qué te dió una muenda?	Quién te dió una muenda?

. . . Is it true that you fell . . . ?

Your (father, mother, stepfather, stepmother, uncle, aunt, cousin,
  adult brother)
                    says that you fell.
                                                      Is that true?

Tu (papá, mamá, padrastro, madrastra, tío, tía, primo,
  hermano mayor)
                    dice que te caíste.
                                                      Es verdad?

Is it true that you fell?
Es verdad que te caíste?

Or did someone hit you?
O es que alguien te pegó?

Or did someone push you?
O es que alguien te empujó?

Tell me so I can help you.
Dígame para que te pueda ayudar.

You (also) say that
Dices que (también)

                    (he) (she) whipped you(?)
                    te latigaba(?)

                    (he) (she) threw things at you(?)
                    te tiraba cosas(?)

                    (he) (she) made you fall(?)
                    te hizo caer(?)

                    (he) (she) hit you on your head(?)
                    te pegó en la cabeza(?)

                    (he) (she) tried to burn your hands(?)
                    te trató de quemar las manos(?)

Are you sure you don't have any other black and blue marks?
Estás seguro/a que no tienes más moretones o golpes?

Let me see if you have any other bruises.

First your arms
and your hands,
then your legs.

Déjame ver si tienes más golpes,

Primero tus brazos
y las manos,
luego las piernas.

I have to see if you have bruises on your body.
Necesito ver si tienes algún golpe en el cuerpo.

Please pull up your shirt . . .
A ver, levante la camisa . . .

I have to see if you have bruises on your
arms
hands
legs
body
back . . .

Tengo que ver si tienes golpes en
los brazos
las manos
las piernas
el cuerpo
la espalda . . .

31

. . . Dices que te golpearon . . .

You say that you were whacked on your

> legs . . . (?)
> butt . . . (?)
> back . . . (?)

Dices que te golpearon en

> las piernas . . . (?)
> las nalgas . . . (?)
> la espalda . . . (?)

You're going to have to lower your pants
> so I can see the bruises on your legs . . .

Por favor de desabrochar y bajar los pantalones
> para que yo vea los golpes en las piernas . . .

Why do you have this bruise on your

> arm . . . ?
> hand . . . ?
> leg . . . ?
> body . . . ?
> butt . . . ?
> back . . . ?

Por qué tienes este moretón en

> el brazo . . . ?
> la mano . . . ?
> la pierna . . . ?
> el cuerpo . . . ?
> las nalgas . . . ?
> la espalda . . . ?

Why do you have so many bruises?

Por qué tienes tantos moretones?

Now tell me about this scar . . .

Cómo se explica esta cicatriz?

Can you remember?
No te recuerdas?

or

You did it to yourself

someone else did it?
Tú mismo te la hiciste

o

alguien te la hizo?

Tell me

if someone pushed you or you fell(?)
if someone hit you with something sharp(?)
how it happened . . .

Dígame

si alguien te empujó y te caíste(?)
si alguien te dió con algo cortante
como resultó . . .

Why do you have this scar on your hand?
Did you cut yourself with a knife?
or was it from a fall?
Por qué tienes esta cicatriz en la mano?
Te cortaste con un cuchillo?
o fue una caída?

33

. . . Were you pushed . . . ?

Why do you have this scar on your forehead?
Were you pushed and you fell against something sharp?
or did you fall by yourself?

Por qué tienes esta cicatriz en la frente?
Te empujaron y te diste con algo cortante?
o te caíste solo?

Why do you have this scar on your face?
Did you get cut on a piece of glass?
or were you cut on purpose?
Por qué tienes esta cicatriz en la cara?
Te cortaste con un vidrio?
o te cortaron?

Why do you have this scar on your leg?
Were you pushed? or were you stabbed? or were you hit?
Por qué tienes esta cicatriz en la pierna?
Te empujaron? o te cortaron? o te pegaron?

Do you have a lot of scars?
Tienes muchas cicatrices?

Do you have a lot more scars?
Tienes muchas cicatrices más?

Do you have some scars?
Tienes algunas cicatrices?

Do you have any more scars?
Tienes algunas cicatrices más?

Let me see all the scars you have. . . .
Déjame ver todas las cicatrices que tienes. . . .

How did you get them?
Cómo sucedieron?

Tell me how you got them . . .
Dígame como sucedieron . . .

Let's see if you remember how you got them . . .
A ver si te recuerdas como sucedieron . . .

Don't you have any other scars on your (hands, arms, legs, body, back)?
No tendrás otras cicatrices en (las manos, los brazos, las piernas,
el cuerpo, la espalda)?

Isn't this a burn here?
Esto (aquí) no es una quemadura?

Doesn't this look like a burn?
Parece que esto fuera una quemadura?

Could this be a burn?
Será esto una quemadura?

What can you tell me about it?
Cómo se explica?

What can you tell me about this burn?
Cómo se explica esta quemadura?

What happened to your   Qué le pasó en

hand?	la mano?
fingers?	los dedos?
arm?	el brazo?
leg?	la pierna?
face?	la cara?
neck?	el cuello?

How did you get burned on your (hand, fingers, arm, leg, chest,
face, neck)?
Cómo se quemó en (la mano, los dedos, el brazo, la pierna, el pecho,
la cara, el cuello)?

Did you get burned with		a cigarette?
		a cigar?
		the stove?
		matches?
		a hot pan?
		boiling water?
		a candle?
Cómo se quemó? Con		un cigarro?
		un tabaco?
		la estufa?
		cerrillos?
		una olla caliente?
		agua hervida?
		una vela?

Why do you have	this bruise?	so many bruises?
Por qué tienes	este moretón?	tantos moretones?
	this scar?	so many scars?
	esta cicatriz?	tantas cicatrices?
	this burn?	so many burns?
	esta quemadura?	tantas quemaduras?

Were you whacked here at home?
Te pegaron aquí en la casa?

Do you get hit every day?
(Acaso) te pegan todos los días?

Do you get hurt all the time?
Te tratan mal todo el tiempo?

Do you always get punished this way?
Siempre te castigan de este modo?

Is it always your fault?
Siempre tienes la culpa?

They never pay attention to you(?)
Nunca te quieren?

They're always making your life miserable?
Te viven arrinconando?

Do they kick you . . . ?
Te dan patadas . . . ?

or hit you with their feet?
o te pegan con los pies?

Do you have any more bruises?
(Acaso) tienes más golpes?

Do they hit you all the time?
(Acaso) te pegan todo el tiempo?

Why is your face swollen?
Por qué tienes la cara hinchada?

Did someone punch you   in the face?
                               in the eye?
                               on your lips?
Alguien te dió un puño   en la cara?
                               en el ojo?
                               en los labios?

Where else were you hit?
Dónde más te pegaron?

What other bruises do you have?
Qué más golpes tienes?

Is this the only time you were hit?
Fue esta la única vez que te pegaron?

Does something hurt you inside?
Algo te duele por dentro?

(I've only been hit this once.
No me pegaron sino ahora.)

(This is the only time I've been hit.
No me han pegado sino esta vez.)

(I didn't feel the blow. It doesn't hurt me.
No me dí cuenta del golpe. No me duele.)

(Anyhow) I have to take you to see a doctor.
Es mejor que te llevemos (al hospital) a ver a un médico.

Can you tell me
Me puedes decir

> where your (mother, father) is?
> donde está tu (mamá, papá)?

> when your (mother, father) are going to get here?
> cuando llega tu (mamá, papá)?

> when your (mother, father) left?
> cuando tu (mamá, papá) salió?

> at what time your (mother, father) will be here?
> a que hora vuelve tu (mamá, papá)?

Your (mother, father) left you in charge
Tu (mamá, papá) te (los) dejó encargado(s)

> of whom?
> de quién?

> of the lady next door?
> de la vecina?

> of the neighbors?
> de los vecinos?

> of the lady upstairs?
> de la Sra. de arriba?

> of the lady downstairs?
> de la Sra. de abajo?

> of the manager?
> de la manager?

> of a baby sitter?
> de una "baby sitter"?

> of a friend?
> de una amiga?
> (de un amigo?)

Your (mother, father) said
Tu (mamá, papá) dijo
> (she, he) would be back right away(?)
> que (ella, él) ya venía(?)

> (she, he) was going down the block(?)
> que (ella, él) iba a la esquina(?)

> (she, he) wouldn't take long(?)
> que (ella, él) no se demoraba(?)

> (she, he) was going to church(?)
> que (ella, él) se iba a la iglesia(?)

> (she, he) would be next door(?)
> que (ella, él) estaría donde la vecina (los vecinos)(?)

> (she, he) had a lot to do(?)
> que (ella, él) tenía que hacer(?)

> (she, he) was going to work(?)
> que (ella, él) se iba al trabajo(?)

> (she, he) would be back much later(?)
> que (ella, él) no volvía hasta tarde(?)

Your (mother, father) leaves you alone
Tu (mamá, papá) te deja (solo) (sola)
> . . . continuously . . . ?
> . . . seguido . . . ?

> only once in a while?
> solamente de vez en cuando?

> only once in a very long while?
> solamente una vez muy de vez en cuando?

> for more than half an hour?
> por más de una media hora?

Why were you upset?
Por qué estabas desesperado/a?

(Because) you got tired of waiting?
(Porque) te cansaste de esperar?

... you were hungry?
... tenías hambre?

... you had nothing to eat?
... no tenías que comer?

... the baby was crying?
... el bebé estaba llorando?

... you had waited all night?
... habías esperado toda la noche?

... you didn't know what to do?
... no sabías que hacer?

... you were scared?
... estabas asustado/a?

... you got burned lighting the stove?
... te quemaste al prender la estufa?

... you got cut trying to open a can?
... te cortaste tratando de abrir un tarro de comida?

... the door was locked and you cut yourself
walking out through a window?
... el portón estaba cerrado con llave y te cortaste
al salir por la ventana?

Who found out that you were alone?
Quién se dió cuenta de que estabas solo/a? (pl. estaban solos?)

The lady next door?
La vecina?
The neighbors?
Los vecinos?

Your (mother, father)
Tu (mamá, papá)

      leaves you alone for a long time.
      te deja solo por mucho tiempo.

      locks you in the apartment.
      te encierra en el apartamento.

      left because of an emergency.
      salió por una emergencia.

      goes out early and you have to do the chores.
      se va temprano y tú haces el oficio.

      leaves you in charge of the other children.
      te deja cuidando a los niños chiquitos.

      goes out for the whole day.
      se va por todo el día.

      is coming home any moment.
      está por llegar.

      usually never takes so long.
      nunca se demora tanto.

How are you punished?
Cómo te castigan?

      Are you sent to bed without eating?
      Te mandan a la cama sin comer?

      Are you locked in your bedroom?
      Te encierran en un cuarto?

      Are you locked in a closet?
      Te encierran en un closet?

      Do they make you take a shower with cold water?
      Te hacen bañar con agua fría?

How did you get burned?
(Cómo se quemó?) (Cómo se fue a quemar?)

> Were you heating the baby's bottle?
> Estabas calentando el biberón?
>
> Were you cooking?
> Estabas cocinando?
>
> Were you trying to light the stove?
> Tratabas de prender la estufa?
>
> Were you playing with matches?
> Estabas jugando con cerrillos?
>
> Were you holding a pan of boiling water?
> Estabas cargando una olla de agua hervida?
>
> Were you serving yourself from a hot pan on the stove?
> Te servías de una olla caliente en la estufa?

You can't go to school because
No te mandan a la escuela porque

> you were sick today(?)
> estás enferma/o hoy(?)
>
> you have to take care of the baby(?)
> tienes que cuidar al nené(?)
>
> you have to take care of the children(?)
> tienes que cuidar a los niños(?)
>
> you have to take care of the house(?)
> tienes que cuidar a la casa(?)
>
> you don't have any clothes(?)
> no tienes ropa(?)
>
> you don't have a (permit) (resident visa)(?)
> no tienes papeles(?)

Your (mother, father)
Tu (mamá, papá)
>
> is never concerned about you(?)
> nunca se preocupa de ti(?)
>
> never helps you with your school work(?)
> nunca te ayuda con las tareas de escuela(?)
>
> rags at you all the time(?)
> se está quejando de ti todo el tiempo(?)
>
> never listens to you(?)
> nunca te pone atención(?)
>
> never tries to understand your problems(?)
> nunca se entiende contigo(?)
>
> never defends you(?)
> nunca te defiende(?)

Your (father, mother, stepfather, stepmother, uncle, aunt, cousin,
   grandfather, grandmother)
Tu (papá, mamá, padrastro, madrastra, tío, tía, primo,
   abuelo, abuela)
>
> is always shouting at you(?)
> se la pasa gritándote(?)
>
> is always criticizing you(?)
> se la pasa criticándote(?)
>
> is always hitting you(?)
> se la pasa pegándote(?)
>
> pushes you when you get too close(?)
> te empuja cuando se le acercas(?)
>
> always puts you down(?)
> siempre te desprecia(?)
>
> always makes fun of you(?)
> siempre habla mal de ti(?)

. . . we have to know . . .

I have to talk to you alone . . .
Necesito hablarte a solas . . .

I and the police officer have to talk to you alone . . .
Yo y el (la Sra.) policía tenemos que hablarte a solas . . .

We (I) have to know exactly what happened . . .
Tenemos (Tengo) que saber exactamente lo que sucedió . . .

Your (uncle, stepfather, brother, father, cousin, grandfather)
Tu (tío, padrastro, hermano, papá, primo, abuelo)
    waits until everyone is asleep and gets in bed with you(?)
    espera hasta la noche y te busca en la cama(?)

    takes you out in the car and starts feeling you up(?)
    la lleva en el carro y se mete a tocarte(?)

    makes you hold his privates(?)
    te ha obligado a que le cojas las partes(?)

    waits for everyone to leave the house to grab you(?)
    espera que todos se salgan de la casa para cogerte(?)

    comes naked (half naked) out of the bathroom and shows
    you his privates(?)
    se sale del baño desnudo (medio desnudo) y te muestra las
    partes(?)

    molests you in front of everyone(?)
    se mete con Ud. encima de todos(?)

    doesn't leave you alone until he gets his way(?)
    la persigue hasta que la obliga(?)

    jumps on top of you whenever you happen to be alone(?)
    se le echa encima cuando están solos(?)

    keeps after you even in front of your mother(?)
    la persigue aún delante de su mamá(?)

    threatens you that you better let him(?)
    te amenaza que lo tienes que dejar(?)

Your mother (grandmother, aunt)
Tu mamá (abuela, tía)

didn't pay attention to you . . .
no te ponía atención . . .

told you it was all right . . .
te dijo que le parecía bien . . .

was too afraid to get involved . . .
le tenía bastante miedo . . .

went along with whatever he did . . .
aceptó todo lo que él hacía . . .

told you to call the police . . .
te dijo que llamaras a la policía . . .

He
(Él)

can't keep his hands off you(?)
Te está tocando todo el tiempo(?)

grabs you between the legs(?)
Te coge entre las piernas(?)

grabs   your breasts . . .
         butt . . .
         legs . . .
Te coge los senos . . .
         el sentadero . . .
         las piernas . . .

corners you when you're alone(?)
Te arrincona cuando estás sola(?)

shows you his privates(?)
Te muestra sus partes(?)

makes you touch his privates(?)
Te obliga a que le cojas las partes(?)

makes you take off your panties(?)
Te obliga a quitar los calzones(?)

He
(Él)

> undresses in front of you(?)
> Se desviste delante de ti(?)
>
> makes you orally copulate him(?)
> Te obliga a que lo cojas en la boca(?)
>
> throws himself on top of you(?)
> Se te echa encima(?)
>
> makes you have sex with him(?)
> Te obliga a tener relaciones(?)
>
> licks your privates(?)
> Te lame las partes(?)
>
> sticks his penis into you(?)
> Te mete el pene(?)
>
> tried to stick his penis into you(?)
> Te trató de meter el pene(?)
>
> threatened to kill or harm you or your family
> if you didn't have sex with him(?)
> Te amenazó de muerte o hacerte daño, o a tu familia,
> si no tenías relaciones con él(?)

I don't know if you already know
No sé si se ha dado cuenta
> but due to the circumstances
> pero debido a la seriedad de esto
>> we have to go to the hospital
>> tenemos que acompañarla al hospital
>>> (a que la vea un médico) . . .

You can come in my car
Puedes venir en mi carro
> or you can go with the police
> o puedes acompañar a la policía

(whatever you like better) (según como le parece) . . .

SECTION 4

Why do you have   Why does (the child) (he) (she) have
Por qué tienes   Por qué tiene (el niño) (él) (la niña) (ella)
       this bruise?
       este moretón?

  this bruise on the (face, forehead, cheek, chin, neck)?
  este moretón en (la cara, la frente, la mejilla, el mentón, el cuello)?

      this cut . . . ?
      esta cortada . . . ?

      this wound . . . ?
      esta herida . . . ?

      this burn . . . ?
      esta quemadura . . . ?

      this scar . . . ?
      esta cicatriz . . . ?

      this bump . . . ?
      este chichón . . . ?

      this infection . . . ?
      esta infección . . . ?

      this bite mark . . . ?
      este mordisco . . . ?

  so many black and blue marks?
  tantos golpes?

    so many scars?
    tantas cicatrices?

    so many bruises?
    tantos moretones?

  so many bumps (on the forehead)?
  tantos chichones?

Why do you have	Why does (the child) (he) (she) have
Por qué tienes	Por qué tiene (el niño) (él) (la niña) (ella)
	so many cuts?
	tantas cortadas?

so many wounds?
tantas heridas?

a black eye?
el ojo negro

a swollen eye?
el ojo hinchado?

a (bright) red cheek?
la mejilla roja?

a swollen cheek?
la mejilla hinchada?

a swollen lip?
el labio hinchado?

a cut on (your) (her) (his) lip?
el labio cortado?

a bleeding lip?
el labio sangrando?

yellow and green marks from old bruises?
la piel verde y amarilla de golpes viejos?

Did you fall?	Te caíste?	Were you pushed?
		Te empujaron?
Were you hit?	Te pegaron?	Were you spanked?
		Te muendearon?
Were you lashed?	Te latigaron?	
Were you burned?	Te quemaron?	

50

The skin is full of bruises full of lashes.

La piel está llena de golpes llena de latigazos.

The skin is raw crisscrossed by lashes.

La piel está pura roja cruzada por latigazos.

Black and blue marks are turning yellow and green.

Los moretones se vuelven amarrillentos y verdes.

Does it hurt you
to raise your arm?

Parece que te duele
levantar el brazo . . .

Does it hurt you
to sit down?

Parece que te duele
sentar . . .

Does it hurt you
to stand up?

Parece que te duele
estar parado . . .

Does it hurt you
to walk?

Parece que te duele
caminar . . .

Does it hurt you
to close your hand?

Parece que te duele
cerrar la mano . . .

Does it hurt you
to move your neck?

Parece que te duele
mover el cuello . . .

Can you move
your fingers easily?

Puedes mover
los dedos facilmente?

(Tell me) (Tell us)   (Dígame) (Díganos) . . .

| You get kicked(?) | You got kicked(?) |
| Te dan patadas(?) | Te dieron patadas(?) |

| You get hit(?) | You got hit(?) |
| Te pegan(?) | Te pegaron(?) |

| You get whipped(?) | You got whipped(?) |
| Te latigan(?) | Te latigaron(?) |

| Your arms are twisted(?) | Your arm was twisted(?) |
| Te tuercen los brazos(?) | Te torcieron los brazos |

| Your hands are tied(?) | Your hands were tied(?) |
| Te amarran las manos(?) | Te amarraron las manos(?) |

| They try to choke you(?) | They tried to choke you(?) |
| Te aprietan el cuello(?) | Te apretaron el cuello(?) |

It's difficult to see how the minor twisted (his) (her)
No se explica como (el niño) (la niña) tronchó su

leg
pierna

foot
pie

arm
brazo

hand
mano

finger
dedo

and it's difficult for (him) (her) to move it.
y le queda difícil de mover.

. . . Te empujaron . . . ?

You were hit on the
Te (dieron) (pegaron) en

(leg, butt, shoulder, neck,
(la pierna, el sentadero, la espalda, el cuello,

arm, hand, fingers, stomach,
el brazo, la mano, los dedos, la barriga,

backbone, head, face) (wherever it fell) . . .
la columna vertebral, la cabeza, la cara) (donde te cayera) . . .

Did they
   . . . push you?   Te empujaron?
   . . . shove you to the floor?   Te tiraron contra el piso?
   . . . hit you with a stick   Te dieron con un palo
       or broom?   o escoba?
   . . . jump on top of you?   (Se) saltaron encima de ti?
   . . . make you trip?   Te hicieron resbalar?

(How did you get)   (Cómo resultaste con)
(How did [he] [she] get)   (Cómo le resultó)

        a swollen eye?   ese hinchazón en el ojo?
   scraped on the cheek?   ese raspón en la mejilla?
     a scar on the face?   esa cicatriz en la cara?
       cut on the chin?   esa cortada en el mentón?
     a swollen cheek?   la mejilla hinchada?
       cut on the leg?   esta cortada en la pierna?
         a cut lip?   el labio cortado?
      a swollen lip?   el labio hinchado?
     a bleeding lip?   el labio sangrando?
  a bruise on the neck?   este moretón en el cuello?
a bite mark on your ear?   este mordisco en la oreja?

I can't understand why the baby was left
No se entiende como se fue a dejar   (al nené)
                                     (a la nené)

                                               alone.
                                               (solo) (sola).

                                               uncared for.
                                               descuidado/a.

                                               unattended.
                                               tirado/a.

                                               unchanged.
                                               sin cambiar.

                                               so burned.
                                               tan quemado/a.

                                               crying.
                                               llorando.

                                               in a mess like this.
                                               en este desorden.

How is it possible that you
Cómo es posible que Ud.

                    always leave the children alone?
                    siempre los deja solos (a los niños)?

                    never let the children go out?
                    nunca los deja salir (a los niños)?

                    don't give the children food to eat?
                    no les da de comer (a los niños)?

                    don't have any clothes for the children?
                    no les tiene ropa (a los niños)?

                    never let the children go to school?
                    nunca los deja (a los niños) ir a la escuela?

More than taking care of your children (child)
Más que cuidar a sus hijos (su hijo) (su hija)
> you worry about getting drugs . . .
> se la pasa buscando drogas . . .

> you like getting drunk . . .
> se la pasa tomando . . .

> you spend all your time out of the house . . .
> se la pasa fuera de la casa . . .

> you spend all your time on the street . . .
> se la pasa en la calle . . .

> you're out prostituting . . .
> se la pasa de prostituta . . .

It seems that you
Parece que Ud.
> never bathe the child . . .
> nunca baña (al niño) (a la niña) . . .

> hardly or never change the child . . .
> deja (al niño) (a la niña) sin cambiar . . .

> hit or smack the child (too often)
>   (too hard) . . .
> le da duro (al niño) (a la niña) . . .

> don't know how to deal with the child . . .
> no sabe tratar (al niño) (a la niña) . . .

> are always shaking the child . . .
> siempre sacude (al niño) (a la niña) . . .

> dislike the child . . .
> desprecia (el niño) (la niña) . . .

> never take the child to the doctor . . .
> nunca lleva (el niño) (la niña) al médico . . .

Why does the child have these
Por qué tiene (el niño) (la niña)

scars?
estas cicatrices?

burn marks?
estas quemaduras?

bruises?
estos moretones?

pinch marks?
estos pellizcos?

jerking movements?
estos sacudimientos repentinos?

welts?
estos verdugones?

Why can't the child move
Por qué (el niño) (la niña) no puede mover

(his)	Is there
(her)	Hay
arm/ el brazo?	a fracture?
hand/ la mano?	una fractura?
wrist/ la muñeca?	
finger/ el dedo?	a swelling?
neck/ el cuello?	un hinchazón?
leg/ la pierna?	
knee/ la rodilla?	a recent burn?
ankle/ el tobillo?	una quemadura?
foot/ el pie?	
	a scar?
	una cicatriz?
	a problem?
	un problema?

Obviously something's occurred to hurt (her) (your daughter)
Evidentemente le han hecho daño a (la niña) (su hija)
and you didn't listen to her . . .
y Ud. no le escuchó . . .

and you didn't pay attention to her . . .
y Ud. no le hizo caso . . .
(y Ud. no le puso atención . . .)

and you didn't care . . .
y a Ud. no le importó . . .

and you didn't stop it . . .
y Ud. no lo impidió . . .

and you didn't take care of the situation . . .
y Ud. no le puso remedio . . .

and you laughed at her . . .
y Ud. se rió de ella . . .

and you told her to leave the house . . .
y Ud. le dijo que se fuera de la casa . . .

Have you noticed	No le ha (notado) (visto)
blood in her panties?	sangre en los calzones?
stains in her panties?	manchas en los calzones?
torn panties?	si los calzones están rasgados (rotos)?
discomfort when she walks?	si camina incomodamente?
itchiness between the legs?	si le da rasquiña entre las piernas?
bruises and scratches on the upper leg?	si tiene moretones (rasguños) en las piernas?
any uneasiness or pain?	alguna inquietud o algún dolor?

(Your daughter) (Your son) feels
(La niña) (Su hija) (El niño) (Su hijo) se siente

trapped.
arrinconada/o.

unfairly punished.
muy castigada/o.

victimized.
victimizada/o.

(She) (He) says that you
(Ella) (Él) dice que Ud.

hit (her) (him).　　le pega.

have broken (his) (her)　　le ha quebrado (un dedo)
(finger) (arm).　　(un brazo).

pull (her) (his) hair.　　le hala el pelo.

chase (her) (him)　　(la) (lo) corre por
all over the house.　　toda la casa.

always humiliate (her) (him).　　siempre (la) (lo) humilla.

don't let (her) (him)　　no (la) (lo) deja poner
put on new clothes.　　ropa nueva.

hit (her) (him) with your shoes.　　le pega con los zapatos.

kick (her) (him).　　le da patadas.

continuously use offensive　　le dice groserias.
language against (her) (him).

want to get rid of (her) (him).　　(la) (lo) quiere quitar
de encima.

keep throwing (her) (him)　　(la) (lo) bota a la calle.
out (of the house).

keep bugging (her) (him).　　(la) (lo) limita.

| We work | with the police. |
| Nosotros trabajamos | con la policía. |

This case	is very serious.
El asunto (caso)	
	es muy grave.

| There's no way around it, | we have to call the police. |
| No hay opción, | tenemos que llamar la policía. |

The officer · will explain to you
El oficial · le explicará
(le va a explicar)
the seriousness of the case.
la gravedad del asunto.

Please listen to the officer.
Por favor de escucharle al oficial.

| Do you understand | what the officer is saying? |
| Ud. entiende | lo que dice el oficial? |

| It's too serious | to avoid calling the police |
| Es demasiado serio | para no llamar la policía |

because they will be in charge
porque ellos se encargarán

of the investigation.
de la investigación.

Whenever there is a referral
Cuando hay un referido
of severe abuse
de abuso extremado
(de abuso severo)

the police necessarily
entonces (indispensablemente)
has to become involved
se involucra la policía

because of their responsibility
porque ellos se entienden
for law and order.
con las agresiones contra la ley.

Just a minute, please . . .
Un momentito por favor,
I have to talk with the officer.
necesito consultar con el oficial.

The officer wants to know
El oficial quiere (averiguar)
         (saber)
why they weren't contacted before.
porque no le hablaron antes.

The officer wants to be told
El oficial quiere que Ud. le diga
        (que le diga)
everything about the case.
todo sobre el caso.

Just tell us
Apenas díganos
everything you know . . .
todo lo que sabes . . .

The (female) officer wants
La (oficial) (Sra. policía) quiere   to see the minor by herself.
                                          hablar a solas con (la menor).
                                                              (el menor).

The officer wants
(La) (El) oficial quiere   to interview the minor.
                                          entrevistar (a la menor).
                                                      (al menor).

Can you give us a clear idea
Ud. nos puede dar una idea clara   of what happened?
                                    de lo que sucedió?

            Tell the officer everything you know . . .
        (Díle) (Dígale) al oficial todo lo que (sabes) (sabe) . . .

            The police will have to look into this case . . .
        La policía tiene que encargarse de este caso . . .

The officer wants to know
(El) (La) oficial quiere saber
            (averiguar)   what the other officer told you.
                                    lo que le dijo (el otro) (la otra) oficial.

The officer wants to know
(El oficial) (Él)   quiere saber
(La oficial) (Ella)
                            why the parents didn't do anything
                            about it before . . .
                            porque (la madre) (el padre)
                            no se preocupó antes . . .
                            (porque los padres [Uds.]
                            no se preocuparon antes) . . .

The police will tell you	what else they need . . .
La policía le dirá	que más necesita . . .

The officer wants you
(El) (La) oficial quiere
    to go to the police station
    que Ud. vaya a la policía
        in the morning as early as possible.
        a primera hora mañana.

Do you know where the police station is?
Ud. sabe donde queda la (policía) (Estación de Policía)?

Don't forget to write down the officer's name . . .
No se olvide de apuntar el nombre (del) (de la) oficial . . .

The officer wants to know
(El oficial) (Él) (La oficial) (Ella)   quiere saber
    if the mother plans to go to the hospital . . .
    si la madre (la Sra.) piensa ir al hospital . . .
The officer wants to know
(Él) (Ella) quiere saber
    if the mother has a place to stay . . .
    si la Sra. tiene donde quedarse
    (fuera de la casa) . . .

(They'll) (The police'll) tell you if you're going to be arrested.
(Ellos le dirán) (La policía le dirá) si lo van a arrestar.

The police has to be involved depending on the seriousness
    of the abuse.
La policía siempre tiene que actuar según la gravedad
    del asunto.

What's your name?	Cómo se llama?
	(Cuál es tu [su] nombre?)
What's the child's name?	Cómo se llama la niña?
	(el niño)?
	(Cuál es el nombre [de la niña]
	[del niño]?)
What are the	Cómo se llaman los niños?
children's names?	(Cuáles son los nombres de los niños?)
What's your last name?	Cuál es su apellido?

How do you spell it?
Cómo se deletrea?

What's your (husband's) (wife's) name?
Cómo se llama su (esposo) (esposa)?

Does your husband (wife) have the same last name?
Su esposo (esposa) tiene el mismo apellido?

Are you married?	Es Ud. casado?
	Es Ud. casada?
	(Son casados?)
	(Son Uds. casados?)

Where's the children's mother?
Dónde está la mamá de los niños?

Are you the child's mother?	Are you the children's mother?
Es Ud. la mamá de la niña?	Es Ud. la mamá de los niños?
(del niño)?	

I need your birthdate . . .
Necesito la fecha de su nacimiento.
(Cuál es la fecha de su nacimiento?)

I need the birthdate(s) of the (child) (children) . . .
Necesito (la fecha) (las fechas) de nacimiento (del niño)
(de la niña)
(de los niños) . . .

Does the child (baby) have your last name?
(El niño)
(La niña)   tiene el mismo apellido que Ud.?

Do the children have the same last name?

(Los niños) tienen el mismo apellido que Ud.?
Todos (los niños) tienen el mismo apellido?

Where was the child born?   Where were the children born?
Dónde nació (la niña) (el niño)?   Dónde nacieron los niños?

in another state?
Was the child born here or   somewhere else?
(El niño) (La niña) nació aquí o
en otro estado?
en otra parte?

Were all the children born here?
Todos los niños nacieron aquí?

Have you been living here for some time?
Hace mucho que viven aquí?

Where does (he) (she) go to school?
Dónde va (el niño) (la niña) a la escuela?
(Dónde va a la escuela?)

Where do they go to school?
Dónde van a la escuela?

What grade is (he) (she) in?
En qué grado está (el niño)?
    (la niña)?

What grade are they in?
En qué grado están?

What is the teacher's name?
Cómo se llama el maestro?
    la maestra?

What are the teachers' names?
Cómo se llaman los maestros?

What's your telephone number here?
What's your (home) telephone number?
Cuál es el teléfono de la casa?

        What is the number?
        Dígame el número . . .

        Please repeat the number . . .
        Por favor de repetir el número . . .

Where does your husband work?
Su esposo dónde trabaja?

What's your husband's telephone at work?
Cuál es el teléfono del trabajo?

        Do you (also) work?
        Trabaja Ud. (también)?

        Where do you work?
        Dónde trabaja Ud.?

        What's the address?
        Cuál es la dirección?

What's your work telephone number?
Cuál es el teléfono del trabajo de Ud.?

In case of an emergency can you tell us a neighbor's phone number?
En caso de emergencia conoce el teléfono de algún vecino?

SECTION 5

I hope you understand
Espero que entiende

what's going on . . .
lo que está pasando . . .

When there is a

Cuando hay algún informe

child abuse and/
or a child neglect   referral

de abuso o maltrato   (de niños)
(de menores)

we have to enforce the law
seguimos los reglamentos del Condado

to protect the well-being of children.
para darle protección a los menores.

On occasion there may be referrals of child abuse where there are no
signs of bruises on the (child)
(children) . . .

Ocasionalmente pueden haber informes de abuso físico donde los
moretones y los verdugones no se ven . . .

In that case, and if it appears that the referral is not justified,
En ese caso, y según la estabilidad familiar que se debe de
tener en cuenta,

we decide that the referral is unfounded, and the case is closed
without any further follow up . . .
decidimos descontar el informe y se cierra el caso sin más
referido alguno . . .

But if there is a problem . . .
Pero si hay algún problema . . .

. . . se considera que todos los niños . . .

we have to take the (child) (children) out of the home and place
   (her) (him) (them)   in a foster home . . .
tenemos obligatoriamente que llevar (la niña) (el niño) (los niños)
                  a una casa hogar . . .

When it's necessary

                  the police always comes with us.

Cuando es necesario

                  la policía siempre nos acompaña.

If it's a physical abuse referral
Si es un asunto de abuso físico

                  and the child has really been hurt,
                  y (la niña) (el niño) queda pero muy lastimada(o),

all of the children in the family
se considera que todos los niños

                  are considered to be at risk
                  están en peligro

and they all have to be taken into custody
y todos se tienen que poner en casa hogar

                  pending the results of the court hearing.
                  pendiente la decisión de la corte.

If there's any doubt about a bruise
Si hay alguna cuestión de un golpe

                  and the (mother) (father) (parents)
                  y (la madre) (el padre) (los padres)

make a case that it was an accident,
reclaman que fue accidental

because of a fall, for example,
como, por ejemplo, de una caída,

the decision will depend a lot
la decisión se basa sobre

on what the doctor says,
lo que opina al médico,

and let there be no delay,
pues ahora mismo,

let's take the (child) (children)
llevamos (la niña) (el niño) (los niños)
to the hospital right away.
al hospital inmediatamente.

In order to be able to leave
Para poder dejar

the (child) (children) in the home
(la niña) (el niño) (los niños) en la casa

there would have to be many positive factors
se tendría que ver una situación familiar muy estable

and the bruises would have to be next to nothing.
y los golpes tendrían que ser casi nada.

Moreover, you would have to agree
Además, (Ud.) (Uds.) tiene(n) que estar de acuerdo

not to hit the (child) (children) again.
de no volver a pegar (a la niña)
(al niño) (a los niños).

. . . if the child feels unsafe . . .

Also the social worker
También (uno) (el trabajador social)
>> has to completely believe the child
>> tiene que creerle en absoluto (a la) (al) menor

and if the child feels unsafe
y si (la niña) (el niño) se siente desprotegid(a)(o)
>> we cannot leave (her) (him) in the home
>> no (la) (lo) podemos dejar en la casa

and pending a court hearing
y pendiente de la corte
>> (she) (he) is placed in a foster home.
>> siempre (la) (lo) llevamos a una casa hogar.

>> Obviously you've
>> Es evidente que Ud.
>> lost control of the situation
>> ha perdido control de la situación

and we have to place the (child) (children)
y tenemos que hacer los arreglos para poner (la niña) (el niño) (los niños)
>> in a foster home.
>> en una casa hogar.

>> As you already know
>> Ya (Ud.) (Uds.) sabe(n) que

(your daughter's complained) (there's a referral)
(su hija se queja) (hay un informe)

>> that there's someone in the house
>> que un familiar aquí en la casa

who (is bugging her) (has molested her) sexually.
(la persigue) (la ha molestado) sexualmente.

First of all, she has to go to the hospital
Primero que todo tendrá que ir al hospital
>> for a medical check up.
>> para un chequeo médico.

Then, even though there may be no medical proof,
Luego, aunque no se encuentren pruebas médicas,
>> she will probably not be returning home right away
>> lo más probable es que no pueda volver a casa
until there is a court hearing.
hasta que se presenten en la corte.

>> Moreover, if she's afraid
>> Además, si ella tiene algún temor
of remaining at home for any reason,
de quedarse en la casa,
>> she has to be placed in a foster home.
>> estamos obligados a llevarla a una casa hogar.

Your daughter may remain at home with you
Solamente su hija podría quedarse con Ud. (Uds.)
>> if she trusts you . . .
>> si le(s) tiene confianza . . .

and whoever is responsible for the molestation
y él que le hizo el daño
>> is definitely out of the house . . .
>> se aparte definitivamente de la casa . . .

73

. . . too many risk factors . . .

The (child) (children) (has) (have) to be taken into custody
Es necesario detener (a la niña) (al niño) (a los niños)
       y poner (la) (lo) (los) en una casa hogar

              for (her) (his) (their) own safety.
              para su propia protección.

There are too many risk factors here
Se ve que corre(n) demasiado peligro (aquí en la casa)

          and you can't offer (her) (him) (them)
          y (Ud.) (Uds.) no tiene(n) el modo

                 adequate safeguards . . .
                 de (protegerle/los)

When (a child) (children) (has) (have) been left
Cuando a los niños los han dejado

          alone for a whole day (or more)
          solos por todo un día (o más)

              (or just too much time alone)
              (o sea muchas horas juntas)

(she) (he) (they) (has) (have) to be taken into custody
es necesario detener a los niños

          and placed in a foster home
          y ponerlos en una casa hogar

              for (her) (his) (their) own well-being
              para su propio bienestar

even though (she) (he) (they) may not want to go . . .
aunque ellos no quieran (ir) . . .

We always confer with the police
Nosotros siempre consultamos con la policía

> and support each other's decisions.
> y nos apoyamos mutuamente.

Once the (child) (children)
Una vez que (la niña) (el niño) (los niños)

(has) (have) been taken into custody
(sea) (sean) detenid(a)(o)(os)

> the best thing is to cooperate
> lo mejor es que se disponga(n) a colaborar

with the worker and the police.
con el trabajador social y la policía.

> Children's Services
> El Departamento de los Niños

> will take care of the (child's) (children's)
> se encargará del todo de (su hija) (su hijo) (sus hijos)

> medical needs, clothing and school.
> en relación al cuidado médico,
> el vestuario y la escuela.

Your responsibility
Así que (Ud.) (Uds.) tiene(n) que cumplir

> is to keep your appointments with the court
> con las citas de la corte

> and follow the instructions of the social worker.
> y atender las instrucciones del trabajador social.

We have to take (her) (him)
to the hospital.

Tenemos que llevar (a la niña)
(al niño) (a los niños) al hospital.

There has to be a medical exam.

Tiene que haber un examen médico.

You have to come with us
and help us take your (daughter)
(son) (children) to the hospital.

Ud. tiene que colaborar con
nosotros para llevar (a la niña)
(al niño) (a los niños) al hospital.

(She) (He) has to be seen
by a doctor.

(La niña) (El niño) tiene
que dejarse ver del médico.

The hospital has to fill out
a complete report.

El hospital tiene que dar
un informe completo.

The doctor has to give
(his) (her) opinion.

(El médico) (La doctora)
tiene que dar su parecido.

The doctor has to give
(his) (her) evaluation.

(El mdco) (La dtra) tiene
que hacer su evaluación.

The doctor has to give a
complete report
about the bruises . . .

(El mdco) (La dtra) tiene
que dar un informe completo
sobre los golpes . . .

The doctor has to
determine if (she) (he)
was hurt.

(El mdco) (La dtra) tiene que
determinar si le hicieron daño
(a la niña) (al niño).

Please let the nurse get
(her) (him) ready.

Por favor de dejar que la enfermera
prepare (a la niña) (al niño).

They need a urine sample.

Necesitan una muestra de la orina.

They also need a
blood sample.

También necesitan una muestra
de sangre.

I'm almost sure that they're
going to need a blood sample.

Lo más probable es que también le
van a exigir una muestra de sangre.

. . . Here's the nurse . . .	Aquí viene la enfermera . . .
In the meanwhile, come over here and sign the hospital admission form.	Mientras tanto Ud. debe de firmar los papeles del hospital.
It may be better if you stay with (her) (him) . . .	De pronto es mejor que Ud. se quede con (la niña) (el niño) . . .
It may be better if you don't stay . . .	De pronto es mejor que se salga . . .
Please wait in the waiting room . . .	Por favor de esperar en la sala de espera . . .
Don't worry, the nurse will be with (her) (him).	No se preocupe, la enfermera se queda con (ella) (él).
Don't worry, nothing will happen to (her) (him).	No se preocupe, no le pasará nada.
They have to examine the bruises.	Hay que dejar que le vean los golpes.
The doctor has to be able to examine (her) (him).	Hay que dejar que (el doctor) (la doctora) (la) (lo) examine.
They have to be able to get a urine sample.	Hay que dejar que le tomen la muestra de orina.
They have to be able to get a blood sample.	Hay que dejar que le tomen la muestra de sangre.
They have to be able to clean the cut . . .	Hay que dejar que le curen la herida . . .
They have to be able to set the (arm) (leg) (hand).	Hay que dejar que le arreglen (el brazo) (la pierna) (la mano).
Don't be impatient.	No se ponga impaciente.
We have to wait for the results . . .	Hay que esperar los resultados . . .

There's no explanation	for this broken bone . . .
	broken leg . . .
	broken arm . . .
	broken toe . . .
	(finger) . . .
No se entiende como	se rompió el hueso . . .
	se rompió la pierna . . .
	se rompió el brazo . . .
	se rompió el dedo . . .

and the doctor says
y (el médico) (la doctora) (dice)
          (opina)

that it didn't happen

que no pudo suceder
      the way you say it did . . .
      como Ud. lo cuenta . . .

It's impossible for the child
Es imposible que (el niño)
          (la niña)

to have fallen backwards.

se hubiera caído hacia atrás.

It's more likely that
Más bien parece que

(he) (she) was pushed . . .
se hubiera empujado . . .

(He) (She) also has a lot of
cuts and scars

and it's better if we look at this
situation very carefully . . .

(El niño) (La niña) además tiene
muchas cortadas y cicatrices

y es mejor que se estudie
el caso con más detenimiento.

It's impossible to understand
No se entiende

how your brother was capable
como su hermano pudo

of punishing your son like this.

The entire shoulder is
completely cut with lashes.

pegar a su hijo de este modo.

La espalda está completamente
lastimada cruzada de golpes.

The doctor said that

he had never seen anything so bad.

El médico comentó

que jamás había visto caso peor.

You know that your brother
Ud. ya sabe que su hermano

cannot stay with you any longer.
no puede quedarse con Uds.

Whatever his intention was
No importa lo que fuera
    su intención,

he completely lost control.

lo cierto es que se le fue la mano.

If your brother gets out of jail
Si su hermano se sale de la cárcel

and he comes and stays here,
y se vuelve con Uds.,

your son, as well as the
rest of the children,

are going to be placed in
a foster home.

su hijo, y los demás niños
    en la casa,

van a resultar en una casa hogar.

. . . a life threatening situation . . .

How come you left   the baby alone (on the bed)
(on the sofa)?
Cómo fue a dejar   (la) (el) bebé sola/o (en la cama)
(sobre el sofá)?

The bump on the baby's head   is really big
El chichón en la frente (del)
(de la) nené   es bastante grande

and you say it's been crying
all night   and you haven't done anything
y Ud. dice que ha estado
llorando toda la noche   y no ha hecho nada

to get medical attention . . .
para llevar(lo)(la) al médico . . .

The baby could be
(El) (La) bebé podría estar
in a life threatening situation
con su vida en peligro
(con la vida en un hilo)

and you appear to be completely
unconcerned.
y parece que a Ud. no le importara.

Since the bump could mean
there is a hematoma   and this is plenty serious,
Pues como el chichón
posiblemente   indique algo bastante grave,

we're going to take the baby
into protective custody   and take (him) (her)
to the hospital at once.

tenemos que amparar (al) (a la)
nene bajo la ley y
apartarlo/a de Ud.   y de una vez (lo) (la) llevamos
al hospital.

We have to take the children   into protective custody
Tenemos que poner los niños   bajo la protección de la ley

and place them in a foster home.   y llevarlos a una casa hogar.

They're all under twelve   and you left them alone the
    whole day.
Son todos menores de doce   y Ud. los dejó solos en la casa
    todo el día.

You'll have to go to court.   El caso tiene que ser resuelto
    en la corte.

Your daughter is afraid of
    returning home.   Su hija tiene miedo de
    volver a casa.

We've decided to place her
in a foster home   until there is a court hearing.
Hemos convenido darle
alojamiento en una casa hogar   pendiente el resultado de la corte.

Besides, we can't let your
daughter go home because   you have too much confidence
    in your husband

Además, no le podemos
devolver la niña porque   Ud. le tiene demasiado confianza
    a su esposo

and she's certain that   he did something to her
y la niña está segura   que él le hizo algo

and even though the medical
exam shows nothing,   we have to let the court decide.
y aunque el examen
médico sea negativo,   es mejor que la corte resuelva el caso.

. . . the referral is unfounded . . .

You have no reason to be concerned.
No tiene(n) porque preocuparse.

There are no bruises on the (child, children, baby).
No hay nada de golpes en (la niña, el niño, los niños, el nené, la nené).

and (she's, he's, they're) well taken care of.
y está(n) bien cuidada(o)(os).

The referral is unfounded.
El informe no es cierto.

We've decided to return (your child) (your children) to you.
Hemos decidido entregarle   (su hija).
                             (su hijo).
                             (sus hijos).

The medical exam
El examen médico

appears to be negative
and does not justify

that (the child) (the children)
be taken into protective custody.

es negativo y no justifica

que (la niña) (el niño) (los niños)
sean detenidos.

The doctor has been able
to determine

that the bruises are consistent
with an accidental fall.

(El médico) (La doctora) ha
podido determinar

que los golpes que se ven son
consistentes con una caída
accidental.

There's no need for us
to intervene
No intervenimos más

at this time,
por ahora,

. . . None of them can return . . .

but we will be making a referral

for further evaluation.

pero vamos a recomendar

que el caso sea reevaluado proximamente.

There's no way that (the child)
(any of the children)   is going to be returned home.

En absoluto (la niña)
(los niños)   no se le(s) puede(n) entregar.

The medical exam confirms   that (someone in your house),
                                your (boyfriend, husband, brother,
                                brother-in-law . . .)

El examen médico confirma   que (un familiar de Uds.) su (amigo,
                                esposo, hermano, cuñado . . .)
molested your daughter   and consequently all of the
                                children are at risk.

abusó de su hija   y, por lo tanto, todos
                                los niños están en peligro . . .

None of them can return
home, not even your son,   until there is a court hearing.

Ninguno puede regresar
a casa, ni su hijo,   pendiente la decisión de la corte.

The case is very serious   and the police is going to be
                                directly in charge
El caso es demasiado grave   y la policía se va a encargar

                                of making the placements.
                                de acomodar a los niños.

SECTION 6

Your (child) (children)

Puede(n) asegurarse que
su(s) (hija, hijo, hijos)

will be perfectly safe
and well taken care of.

va(n) a estar muy seguros y
bien cuidados.

What (I'm) (We're)
                      doing
Lo que (estoy) (estamos)
                      haciendo

is required by law

es requerido por la ley

to assure the well-being of children.
para asegurar el bienestar de los niños.

But there is also an alternative.
Pero hay también una alternativa.

When it's possible, we try to place
                      children in the home of a relative.
Cuando es posible, tratamos de poner
                      los niños en casa de familiares.

In any case,
De todos modos,

at the court hearing in three days,
en la corte, que debe de ser dentro
de tres días,

the judge decides what to do,
el juez decide lo que se debe hacer,

but for now
pero por ahora

if there are no relatives,
si no hay familiares,

or they live outside of the county,
o viven fuera del condado,

we have to place the children
tenemos que poner los niños

in a foster home.
en una casa hogar.

When we can determine that there has been abuse
> we don't have any alternative.

En una situación de abuso
> no tenemos alternativa.

The (child) (children)   need(s) the protection of the County
(La niña) (El niño) (Los niños)
> necesita(n) la protección del Condado

and we are authorized by the law
> to give them that protection.

y estamos bajo la obligación de la ley
> de proveerselo.

We always try, whenever possible,
> to leave the (child) (children)

Nos interesa dejar, cuando podemos,
> (la niña) (el niño) (los niños)

with relatives whom they would like to be with.
con (parientes) (familiares) para su propio bienestar.

But it's up to you . . .
(It depends on you) . . .
> and if it's at all possible
> and you would like to . . .

Pero depende de Ud. . . .
> Y si es posible
> y Ud. lo desea . . .

Do you have any close relatives
> in the city or county?

Tiene(n) Ud./Uds. (parientes, familiares)
> en la ciudad o en el condado?

I need the names and addresses of relatives
<blockquote>
where (the child) (the children) (your
daughter) (your son) can stay for at
least a few days . . .
</blockquote>
Necesito los nombres y las direcciones de (parientes, familiares)
<blockquote>
donde (la niña) (el niño) (los niños) se
puede(n) quedar al menos unos días . . .
</blockquote>

Of course, (as I've already told you),
<blockquote>
the decision is up to you
and the relative has to be willing . . .
</blockquote>
La decisión (como ya le he dicho)
<blockquote>
depende de Ud./Uds.
y el familiar tiene que estar dispuesto . . .
</blockquote>

You say that you only know a lady . . . (?)
Ud. dice que solo conoce a una señora . . . (?)

<blockquote>
You say that the lady lives with your
husband's brother . . . (?)
Dice que la señora está junta con
el hermano de su señor?
</blockquote>

Don't the (children's, child's) grandparents live close by (near here)?
Acaso los abuelos no viven por aquí cerca? (no están a la mano)?

It has to be someone in the family
<blockquote>
but they have to be people you trust . . .
</blockquote>
Tienen que ser de la familia
<blockquote>
y a la vez personas de confianza . . .
</blockquote>

<blockquote>
. . . like grandparents, aunts, or uncles . . .
. . . los abuelos o los tíos . . .
</blockquote>

Usually children feel more comfortable
>with someone from their own family . . .
Los niños se sienten (más cómodos) (mejor)
>cuando están con su propia familia . . .

But you understand
>that if you don't tell me
>about some relative
Pero Ud./Uds. entiende(n)
>si (Ud./Uds.) no me dice(n)
>de algún familiar

there's nothing I can do . . .
no le/les puedo ayudar . . .

Besides, (I have to) (we have to) (the social worker has to)
>verify if the relative has a police record . . .
A la vez, (el trabajador social tiene) (yo tendré)
>que averiguar con la policía los antecedentes
>de cualquier familiar . . .

If you don't mind,
>I'd like to talk to them on the phone (before we go there) . . .
Si Ud./Uds. me lo permite(n)
>les hablo primero por teléfono . . .

No matter what time it is
>we'll go there at once . . .
No importa la hora
>iremos en seguida a su casa . . .

If not,
>(the child) (the children) will have
>to be placed in a foster home.
Si no,
>tendremos que poner (la) (lo) (los)
>en casa hogar ahora mismo.

Also you have to know
                that, for now, until the court hearing
También, debe(n) darse cuenta
                que, por ahora, hasta el día de la corte

you cannot be in contact   with your (child/children).
    no se puede(n)
    poner en contacto   con (su hija) (su hijo) (sus hijos).

The address   or location of the foster home
La dirección   o donde queda la casa hogar

is completely confidential.
es completamente confidencial.

                I can't even tell you the telephone number.
                Ni le puedo decir el teléfono.

And with the relatives also,
                you can't go and see them or call them
                        until after the hearing.
Y además con los familiares también,
                no puede(n) ir a verlos ni llamarlos
                        hasta después de la corte.

For the moment
                the best thing   is for everyone to have
Por el momento
                lo mejor es   que todos tengan

        a few days   to think things over.

        unos días   para componerse
                            y pensar sobre lo ocurrido.

You know that as a result
   of what's happened   there's going to be a court hearing . . .

Ya sabe que por lo sucedido   tiene que haber una corte . . .

You have to remember to call   . . . .
Tiene que recordarse de llamar al . . . .

sometime between today
and tomorrow   to be sure when the court hearing is
                        going to be
de aquí a mañana   para saber   cual es la fecha y la hora de
                        presentarse en la corte

                        (except not on the weekend).
                        (solamente que no sea el fin de semana).

Usually it's on the third day
                  from the day
                        the children were removed
                        from the home . . .

Por lo general   es al tercer día de haber salido los niños   de la casa . . .

But you've got to make sure and call
                  and, remember, the court hearing
                  will be downtown . . .
Pero lo tiene que confirmar por teléfono
                  y, recuérdase, tendrá que ir al centro
                  para la corte.

Make sure you know the address
                  and make sure you know how
                  to get there . . .
Asegúrese de la dirección   y asegúrese de como llegar.

(Good morning)   (Good afternoon)   (Good evening)
(Buenos días)   (Buenas tardes)   (Buenas noches)

I understand that
    you're willing to take care of your (granddaughter,
    grandson, niece, nephew).

Entiendo que
    está(n) dispuesta/o/os a cuidar a su (nieta, nieto, sobrina,
    sobrino).

You're going to have to
    take care of   (her) (him) (them) until the day of the
                       court hearing.

Les/Le gustaría
    tener cuenta   (de la niña) (del niño) (de los niños)
                       hasta el día de la corte?

I'd like to get   your complete name, please . . .
Necesito que me diga   su nombre completo, por favor . . .

And what's your exact
    relationship   with the (child) (children)?

Y qué (relación) (parentesco)
    tiene(n) Ud./Uds.   con (la niña) (el niño) (los niños)?

Are you (her) (his) (their)   Son Uds./Es Ud.
    aunt and uncle?   los tíos?
    grandparents?   los abuelos?
    grandmother?   la abuela?
    grandfather?   el abuelo?
    aunt?   la tía?
    uncle?   el tío?

. . . I have to ask you . . .

Do you think that
          (she) (he) (they)   will like staying with you?
Ud./Uds. piensa(n) que
         será del agrado   (de la niña) (del niño) (de los niños)
          de quedarse con Ud./Uds.?

Do you have any problem   getting along with (her) (him) (them)?
Ud./Uds. y (la niña) (el niño) (los niños)
          se entienden?

        I have to ask you   if you have a police record.
    (Según los reglamentos
        del Condado)   tengo que preguntarle si Ud./ Uds.
          tiene(n) algún record con la policía . . .

      We have to check   if you have a (police) record
          on the (state) computer . . .
(Tenemos) (Tengo) que verificar
          si tiene(n) algún record en la
          computadora de la policía . . .

We can't let (a minor) (minors)
          stay with relatives who have
          a police record.
No podemos dejar (la niña) (el niño) (los niños)
          con sus familiares si hay
          algún pendiente con la policía.

        I have to ask you   for some personal information . . .
        Necesito luego   unos datos vitales . . .

Your full name, please.
          Have you had any other names?
Su nombre completo, por favor.
          Tiene Ud. algún otro nombre?

And your birthdate, please . . .
    and your address . . . ?
Y su fecha de nacimiento, por favor,
        y su dirección?

        . . . and what about the zip code?
        . . . y cuál es la zona postal?

(Now) if you don't mind I'd like to make a telephone call . . .
(Ahora) si me permite el teléfono . . . (?)

Very well, everything looks fine
    and the (child) (children) can be left with you . . .
Bueno, parece que no hay ningún inconveniente
    para dejar aquí (a la niña) (al niño) (a los niños).

I'm very sorry, but, according to the computer,
    you do have a problem with the police and the (child) (children)
        can't stay here . . .
Me da mucha pena, pero según la computadora,
    parece que hay un asunto pendiente, y, por lo tanto,
    (la niña) (el niño) (los niños) no se puede(n)
        quedar con Ud./Uds.

The court hearing
    is three working days
        from the day the (minor is)
        (minors are) taken into custody.
La corte será en tres días
    trabajables desde el día
        de la detención.

But you can't take anything for granted . . .
(Pero) Ud./Uds. tiene(n) que estar pendiente(s) . . .

You have to call to make sure.
            The telephone number is . . . .
Tiene(n) que asegurarse llamando al . . . .

Besides the responsibility of taking care of the (child) (children)
Fuera de la responsabilidad de cuidar (a la niña) (al niño) (a los niños)

you should know that
        the (child) (children) cannot see or
                be seen by (her) (his) (their) parents
                        until the day of the court hearing.
hay una condición de que
    (los padres) (la madre) (el padre) (no deben) (no debe)
                ver (a la niña) (al niño) (a los niños)
                        hasta el día de la corte.

Also if the child is five or older
            you have to accompany (her) (him)
                        to the court hearing.

También si (el niño) (la niña) tiene cinco años o más,
                hay que acompañar(lo)(la)
                        a la corte.

And, finally, you have to sign
                    this agreement.
Y, finalmente, tiene(n) que firmar
                    este contrato.

            Look at the conditions in this column
                        . . . and sign here . . .
            Fíjese en las condiciones en esta columna
                        . . . y firme aquí . . .

Endangerment

Any person who, under circumstances or conditions likely to produce great bodily harm or death, willfully causes or permits any child to suffer, or inflicts thereon unjustifiable physical pain or mental suffering, or having the care and custody of any child, willfully causes or permits the person or health of such child to be injured, or willfully causes or permits such child to be placed in such a situation that its person or health is endangered . . . is punishable by imprisonment. . . .

Cualquier persona que le hace daño a un niño, corporalmente o para causarle la muerte, o que le hace pasar un mal rato o le hace sufrir al niño física o mentalmente, o con el niño en su cuidado le causa o permite que le sucedan daños a su salud o a su persona, o que permita que el niño esté en una situación que le sea peligrosa, . . . será castigada por encarcelamiento. . . .

Physical Abuse

Any person who willfully inflicts upon any child any cruel or inhuman corporal punishment or injury . . . shall be punished by imprisonment. . . .

Cualquier persona que voluntariosamente le hace daño a un niño o le impone algún castigo corporal demasiado severo . . . será castigada por encarcelamiento. . . .

Sexual Abuse

Any person who shall willfully or lewdly commit any lewd or lascivious act . . . upon or with the body, or any part or member thereof, of a child . . . , with the intent of arousing, appealing to, or gratifying the lust or passions or sexual desires of such person or of such child . . . shall be imprisoned. . . .

Cualquier persona que voluntariosa o lascivamente realice cualquier acto impúdico o suelto sobre o con el cuerpo, o de alguna parte o miembro, de un niño (o niña) . . . con la intención de despertarle, o excitarle, o gratificarle la lujuria o las pasiones o los deseos sexuales de tal persona o de tal niño (o niña), . . . será encarcelada. . . .

17. Key Vocabulary

1. Family Relationships

aunt	tía
brother	hermano
brother-in-law	cuñado
cousin	prima, primo
daughter	hija
daughter-in-law	nuera
father	papá (padre)
father-in-law	suegro
goddaughter	ahijada
godfather	padrino
godmother	madrina
godson	ahijado
grandfather	abuelo
grandmother	abuela
husband	esposo, marido
mother	mamá (madre)
mother-in-law	suegra
nephew	sobrino
niece	sobrina
parents	padres
relatives	parientes, familiares
sister	hermana
sister-in-law	cuñada
son	hijo
son-in-law	yerno
stepbrother	hermanastro
stepdaughter	hijastra
stepfather	padrastro
stepmother	madrastra
stepsister	hermanastra
stepson	hijastro
uncle	tío
wife	esposa, mujer

2. THE PARTS OF THE BODY

ankle	el tobillo
arm	el brazo
back	la espalda
backbone	la columna vertebral
breasts	los senos
butt	el sentadero, las nalgas
cheek	la mejilla
cheekbone	el pómulo
chest	el pecho
chin	el mentón
ear(s)	la(s) oreja(s)
elbow	el codo
eye(s)	el ojo, los ojos
eyebrows	las cejas
eyelashes	las pestañas
eyelids	los párpados
finger(s)	el dedo, los dedos
foot (feet)	el pie, los pies
forehead	la frente
hair	el pelo
hand(s)	la(s) mano(s)
head	la cabeza
heel	el talón
hip	la cadera
jaw	la quijada
joint	articulación
knee	la rodilla
legs	las piernas
lips	los labios
lower arm	el brazo inferior
lower leg	la pierna inferior
molars	las muelas
mouth	la boca
muscle	el músculo
nails	las uñas
neck	el cuello
nose	la nariz
penis	el pene
ribs	las costillas
shoulders	la espalda
skull	el cráneo
stomach	la barriga
temple	la sien
thigh	el muslo
throat	la garganta

thumb	el pulgar
toe(s)	el dedo, los dedos
tooth, teeth	el diente, los dientes
upper arm	el brazo superior
upper leg	la pierna superior
vagina	la vagina

3. Injuries, Symptoms

abrasion	raspadura
A.I.D.S.	el S.I.D.A.
anterior	por delante de
BITE	MORDER
bite mark(s)	mordizco(s)
black and blue mark(s)	moretón(es)
bleeding	sangrando
blood	sangre
bone(s)	hueso(s)
BREAK	ROMPER, QUEBRAR
BRUISE	MAGULLAR, GOLPEAR
bruise(s)	moretón(es)
BURN	QUEMAR
burn(s)	quemada(s), quemadura(s)
CHAIN	ENCADENAR
chain(s)	cadena(s)
CHOKE	SOFOCAR, ASFIXIAR, ESTRANGULAR
concussion	el impacto de un golpe fuerte en la cabeza
contusion	moretón resultado de golpe fuerte
CRIPPLE	LISIAR, ESTROPEAR
CUT	CORTAR
cut(s)	cortada(s)
distal	distante del centro, no céntrico
DRAG	ARRASTRAR
enuresis	enuresia (incontinencia de orina)
faeces	materia fecal
FTT: failure-to-thrive	falta de desarrollo
fracture(s)	fractura(s)
frontal	de frente
hematoma	hematoma
hemoptysis	hemoptisis (esputo de sangre o
mocos	sangrientos)
hemorrhage	hemorragia
HIT	PEGAR
HURT	LASTIMAR

incest	incesto
INJURE	HACERLE DAÑO
injury(ies)	lesión(es)
internal	interno/a
internal injury	lesión interna
itching	picazón, comezón, hormigueo
KICK	PATEAR, DARLE UNA PATADA
laceration(s)	cortada(s), desgarradura(s)
TO BE LAME	ESTAR COJO
lameness	cojera
lateral	de lado
LOCK UP	ENCERRAR (CON LLAVE)
medial	medio, del centro
occipital	occipital
open wound(s)	herida(s) abierta(s)
oral copulation	(coger el pene en las boca)
pain	dolor
TO BE IN PAIN	TENER DOLOR
PINCH	PELLIZCAR
pinch(es)	pellizco(s)
posterior	posterior
proximal	próximo (al cuerpo)
PUNCH	DARLE CON PUÑO
PUSH	EMPUJAR
RAPE	VIOLAR
rape	violación
rupture	ruptura
scar(s)	cicatriz, cicatrices
scrape(s)	raspón(es)
SCRATCH	RASCAR(SE), RASGUÑAR
scratches	rasguño(s)
sexual intercourse	relaciones íntimas
SHAKE	ESTRUJAR, SACUDIR
SLAP	PEGAR EN LA CARA
SMACK	GOLPEAR
sodomy	relaciones perversas
spanking	zurra, azot(a)ina, tunda
STAB	ACUCHILLAR
stain	mancha
stiffness	dificultad de movimiento
surrounding	circundante, alrededor
surrounding tissue	tejido circundante
swelling	hinchazón
swollen	hinchado
(swollen ankle)	tobillo hinchado
(swollen arm)	brazo hinchado

(swollen cheek)	mejilla hinchada
(swollen eye)	ojo hinchado
(swollen face)	cara hinchada
(swollen foot)	pie hinchado
(swollen hand)	mano hinchada
(swollen joint)	articulación hinchada
(swollen leg)	pierna hinchada
(swollen nose)	nariz hinchada
tissue	tejido
torn tissue	tejido rasgado
TWIST	TORCER, TRONCHAR
urine	orina
venereal disease	enfermedad venérea
welt(s)	verdugón(es)
WHIP	LATIGAR
wound	herida